AF364411

《潮汕华侨文化》编委会

丛书主编：纪彦芳

丛书主审：林伦伦

编　　委：林耀龙　黄泽雄　谢彦民

本册主编：陈璇君

副　主　编：谢思妍

参　　编：魏晓兰　李晓丹　邱礼琳　谢巧娜
　　　　　肖　婷　吴淑玲　于巧媛　连洁然
　　　　　陈业海　焦佩琪

指导单位：

汕头公共外交协会

汕头市教育局

汕头市侨务局

汕头市归国华侨联合会

汕头市龙湖区公共外交协会

汕头市龙湖区教育局

汕头市龙湖区侨务局

汕头市龙湖区归国华侨联合会会

潮汕华侨文化

《潮汕华侨文化》编委会 / 编

第四册

广东高等教育出版社
Guangdong Higher Education Press
·广州·

图书在版编目（CIP）数据

潮汕华侨文化．第四册／《潮汕华侨文化》编委会编．—广州：广东高等教育出版
社，2023.5
ISBN 978-7-5361-7319-4

Ⅰ．①潮…　Ⅱ．①潮…　Ⅲ．①华侨 – 文化 – 潮汕地区 – 小学 – 教学参考资料
Ⅳ．① G624.453

中国版本图书馆 CIP 数据核字（2022）第 176412 号

潮汕华侨文化（第四册）
CHAOSHAN HUAQIAO WENHUA （DI-SI CE）

出版发行	广东高等教育出版社
	地址：广州市天河区林和西横路
	邮编：510500　　营销电话：（020）87553335
	网址：www.gdgjs.com.cn

印　张	5.5
字　数	65 千
版　次	2023 年 5 月第 1 版
印　次	2023 年 5 月第 1 次印刷
定　价	25.00 元

序

  潮人文化源远流长，其主要源流有三：一是粤东沿海原住民的土著文化，二是从河南经福建入潮移民的中原文化，三是从原住民到潮人（中原移民）的海上活动形成的海洋文化。

  现汕头市的南澳县、澄海区的程洋冈、潮阳区的海门，潮州市饶平县的柘林，揭阳市惠来县的神泉等，都曾经是不同历史时期粤东沿海的著名港口，是海上丝绸之路的重要节点。明清以来，现汕头市澄海区的樟林港，更曾经是粤东、闽西南、赣东南人民南下中国香港地区和东南亚各国，北上上海、青岛、天津、北京和日本、韩国的重要港口。1860年汕头开埠前后，英国等国家的轮船陆续通航汕头，并有十多个国家先后在汕头设立了领事馆，汕头港逐步取代了樟林港的地位而成为中国东南沿海地区的重要港口。

  1921年，汕头正式设立了市政厅，有了首任市政厅厅长，到2021年刚好100周年。据《潮海关史料汇编》记载，汕头港的进出港船舶总吨位曾经名列全国第三。近代从樟林港和汕头港漂洋过海到我国香港地区和东南亚各国谋生的潮人以数百万计。发展到现在，潮籍的华侨华人更是以千万计，潮汕民间有"海内一个潮汕，海外一个潮汕"的说法。数百年来，这1 000多万的"番客"（海外华侨华人），搭乘着红头船或者轮船，在潮汕与中国香港地区及东南亚各国之间频繁来往，或贸易，或探亲，形成了潮人文化三大源流之一的海洋文化，也形成了潮人"爱国、爱乡、爱自己的家人"的优秀品质和"艰苦拼搏、勇于创业、开拓进取、海纳百川"的精神特质。

今天，时代的列车已在 21 世纪的轨道上飞速前行。历史积淀深厚的潮人文化、丰富多彩的华侨文化虽然曾经深深地烙印在前辈潮人身上，但对于当代的少年儿童来说，似乎已成前辈故事。但是，潮人文化中爱国爱乡、拼搏创业、追求精致等优秀特质，值得年轻人继续传承和发扬。

有鉴于此，汕头市龙湖区金阳学校教育集团在上级各单位的指导下，为潮汕侨乡和国内外的潮人少年儿童编著了这套"有声有色"（音频、插画）的《潮汕华侨文化》读本，希望通过学校的教学和课外的阅读，让同学们了解潮汕侨乡文化的源流，了解自己的家乡，知道自己的根在哪里，使优秀的潮汕侨乡文化得以延续和弘扬。

我有幸受邀作为读本的主审，参与了老师们的编写、修改，初稿评审、再修改，二稿评审、第三次修改，三稿评审、第四次修改，直至定稿交出版社的整个过程，认为这是一套内容丰富多彩、富有潮汕侨乡特点、有声有色有趣味的，适合孩子们阅读、学习的读本。特写下这篇千字短文作为序言推介之。

林伦伦

2022 年暑假写于汕头

作者系当代著名语言学家，广东技术师范大学教授，汕头大学原副校长、韩山师范学院原校长。

目 录

汕头埠故事

第四单元

第一单元

现代名人故事

1　百年追梦人

　　为铸国之重器，隐姓埋名三十载，写下军史传奇，一位白发老人向中国人民这样说道："要隐姓埋名，当一辈子无名英雄。"他就是黄旭华。

　　黄旭华受父母的影响，自小就立志要做一名医生。可就在他读小学时，"七七事变"爆发，日军的轰炸日渐频繁，他当时就明白国力太弱的结果就是任人欺凌，任人宰割。于是黄旭华决定弃医学工，要振兴国防科技。中华人民共和国成立后的1958年，我国启动核潜艇研制工程，黄旭华被召至北京，成为建造核潜艇的核心成员。因为机密和危险，研究核潜艇必须要远离人群，到一个连地图上都没有标注的小岛。黄旭华的新婚妻子也因此被调到了北京。自此，一个编号为145的内部信箱就成为他们小夫妻与父母联系的唯一渠道。父母曾多次写信问儿子是在北京干什么工作，但黄旭华只能无奈地一直闭口不答。每逢年节，黄旭华只能给老人寄去十元钱，以此表达孝心。在父母兄妹眼中，这样的黄旭华就是个忘恩负义的不孝子。直到1987年，一篇题为《赫赫①而无名的人生》的长篇报告文学，详细地介绍了中国核潜艇总设计师黄旭华的人生经历，才揭秘了这位隐姓埋名30载的英雄。

　　30年回家之路，60载潜心钻研。黄旭华从青丝到白发，仍旧孜孜不倦。黄旭华作为我国国防事业走向强盛的参与者和见证者，他对祖国充满赤诚与热爱。"对祖国的忠就是对父母的孝。"面对着93岁的老母亲，他哽咽②着说下这句话，其中包含着未能见到父亲最后一面的遗憾，包含着未能陪伴母亲左右的愧疚，包含着未能与妻子一同抚养子女的歉疚。在首次核潜艇深潜试验成功后，黄旭华想将成功的喜悦分享给女儿，想告诉女儿，她的父亲在做伟大的事情，她的父亲一直爱她。如今年近百岁的黄旭华仍壮心不已，坚持工作，痴乐其中。国家情怀这样宏大的词语，就是因为有黄旭华这样的国家栋梁为之注入血与肉而熠熠生辉③。

　　像黄旭华这样甘于奉献，愿意为国家付出青春年华的能人志士，靠的是一颗炽热的报国心！

　　（改编自"学习强国"学习平台党史故事《隐姓埋名报效祖国黄旭华》）

【注释】

　　① 赫赫：指显著盛大的样子。

　　② 哽咽：文中指哭时不能痛快地哭出声。

　　③ 熠熠（yì yì）生辉：形容光彩闪耀的样子。熠熠，闪烁的样子。

导读

试问大海碧波，何谓以身许国？青丝化作白发，依旧铁马冰河。磊落平生无限爱，尽付无言高歌！在中华人民共和国核潜艇事业的发展史上，有这样的一个人，抛家舍业、隐姓埋名，他为国家做出了巨大贡献，却从不言个人名利。我们应该通过阅读这篇文章，体会和学习黄旭华院士的爱国精神。

知识拓展

中华人民共和国成立初期，为打破西方大国的核讹诈和核垄断，钱三强、王淦昌、邓稼先等老一辈科技工作者，秉持"国家利益高于一切"的坚定信念，奋发图强，攻坚克难，和成千上万的核工业人一道，铸就了共和国的坚强盾牌，让世界重新认识了中国。1964年10月，第一颗原子弹爆炸成功；1967年6月，第一颗氢弹试验成功；1970年12月，第一艘核潜艇顺利下水。

活动探究

同学们，你们还知道哪些和黄旭华院士一样甘为国家奉献青春的无名英雄？请把他（她）的故事写下来，并和同学们交流。

② "钢铁战士" 麦贤得

提起麦贤得，现在50岁以上的人一定不会感到陌生。当年这位重伤不下火线[①]的英雄家喻户晓，不知震撼了多少人的心灵。

在那个英雄辈出[②]的年代，如愿入伍的新兵麦贤得，成为一名海军战士，那一年他18岁。新兵训练结束后，他被分配到611号艇当轮机兵。而"八六"海战，让舰艇和麦贤得一并成了功臣。

1965年8月6日，这是一个注定要写进中国海军战史的日子。这是中华人民共和国成立后的第一次大海战。然而，这又是双方兵力不对等的对抗，敌军巡防第二舰队少将司令官胡嘉恒说，这次海战几乎不会出现悬念[③]。为了保护渔民利益不受侵犯，也为了维护我国海军尊严，我们英勇的海军以小拼大，在夜幕的掩护下，几艘舰艇高速向敌舰靠近……

激战中，麦贤得被弹片击中头部，失去知觉。此时，其他轮机兵也都已经负伤，而611号艇开始下沉。炮声震醒了麦贤得，他知道了发生的一切，便像百变金刚一样，从被击倒的地方向发动机所在的地方爬去。

一个令现代医学至今都无法解释的奇迹，在50多年前东山岛的海面上发生了。在头部受重伤的情况下，麦贤得坚持着，而且整整坚持了3个小时。甚至还在几十条管道、千百颗螺丝中摸出一颗拇指大的被震松的油阀螺丝。这在常人的眼中几乎是不可能做到的。身负重伤不下火线，鲜血如注仍坚守战位，麦贤得在蓝色国土上谱写了一曲感天动地的英雄壮歌。他英勇的战斗事迹被媒体广泛报道，创作成宣传画、连环画④、快板⑤，并编进课本，在全社会引起巨大反响，麦贤得被誉为"钢铁战士"。

1966年，麦贤得被国防部授予"战斗英雄"荣誉称号，多次受到党和国家领导人的亲切接见。在经过4次脑手术、失去大部分记忆后，他努力克服语言和记忆障碍，坚持边治疗边工作，认真履行岗位职责。退休后，他不忘初心、奉献不止，积极发挥余热，经常深入部队、学校做报告，为官兵和青少年描绘海战场景，讲述战斗故事，努力为国防教育做贡献。

麦贤得英勇战斗、保家卫国的光辉事迹，值得我们每一个潮汕儿女铭记。如今，即使我们生逢和平年代，也不能有懈怠心理，而要奋勇拼搏，为建设祖国的繁荣盛世做准备！

（改编自《国家勋章和国家荣誉称号获得者风采录》）

【注释】

① 不下火线：不退出战场。

② 辈出：一批接一批地出现，大量涌现。

③ 悬念：欣赏戏剧、影视剧或其他文艺作品时，观众、读者对故事情节发展和人物命运很想知道又无从推知的关切和期待心理。

④ 连环画：以连续的图画叙述故事、刻画人物的一种通俗读物。

⑤ 快板：是一种传统说唱艺术，属于中国曲艺韵诵类曲种。

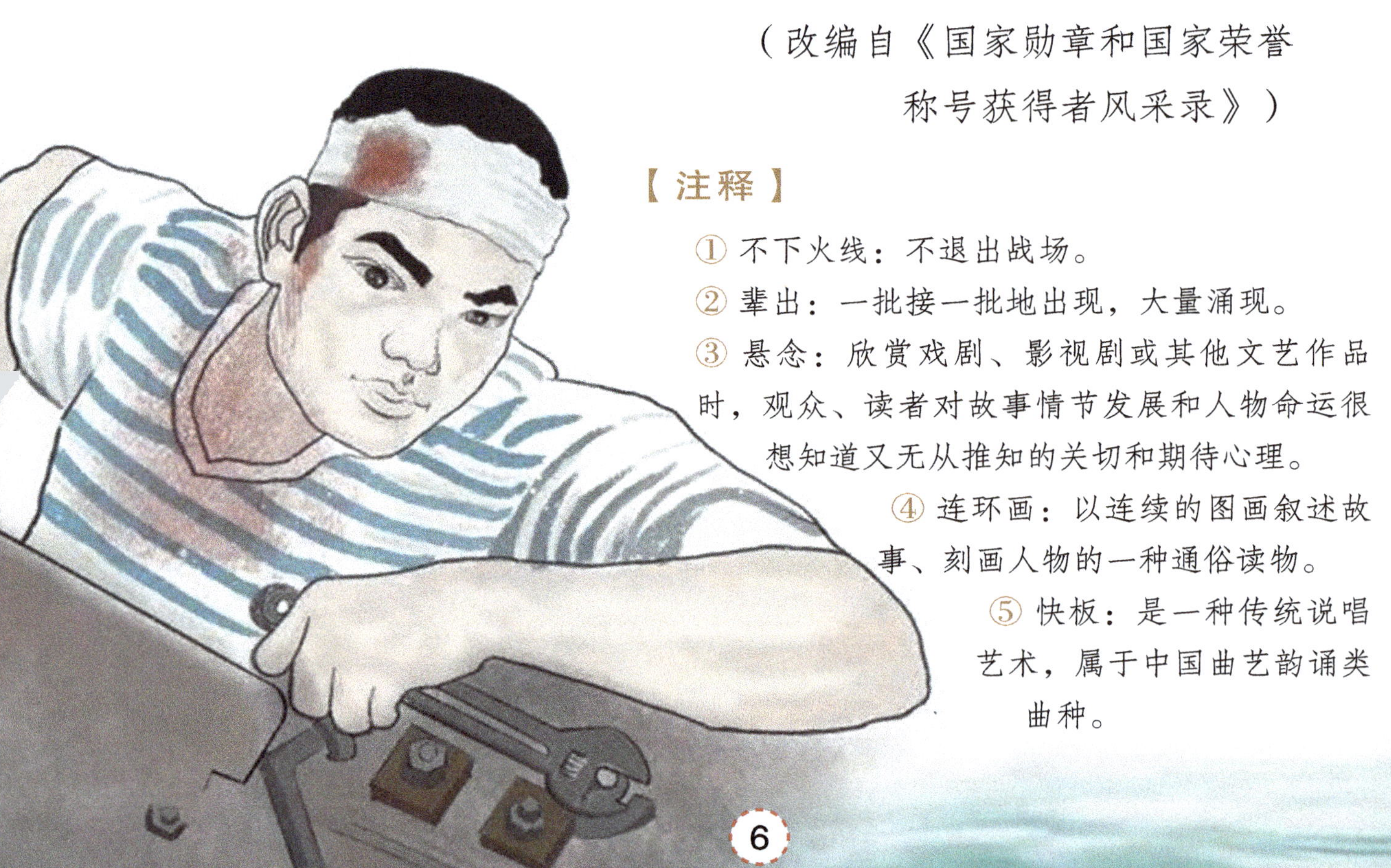

　　正是有成千上万的革命前辈抛头颅、洒热血，才守住了今天中国的每一寸土地和领海。他们保家卫国的英勇事迹和精神，值得我们尊敬、铭记并学习。

　　"战斗英雄"麦贤得的妻子李玉枝是第五届全国道德模范。20世纪80年代初，李玉枝从海丰县调到汕头盐务局上班。每天天刚亮，李玉枝就要起身忙碌，先安顿好老麦的衣食，然后把儿女分别送去上学，自己再骑车上班。她的工作并不轻松，常常忙得灰头土脸。当时，麦贤得身体还很虚弱，需要补充营养，可夫妇俩工资收入并不高。李玉枝想尽办法，利用早晚时间，把屋前屋后的空地开辟成菜园，扎了竹篱笆，自己养鸡、养鸽、养兔子。她给全家分了工：自己下班种菜、理家务，老麦也来搭把手，儿子放学回家养鸡、养兔子，年幼的妹妹负责给哥哥打下手。就这样，在生活相对艰难的日子，老麦也常常能吃上新鲜的肉菜。在老麦老家，个个都说他有福，娶了个好媳妇。

你还知道潮汕地区哪些保家卫国、为国争光的名人故事？选择其中的一两位，以小组合作的形式为他（她）绘制一组连环画，并和同学们分享。

3 忠诚于角色
——潮剧大师姚璇秋①

在潮汕大地，姚璇秋的名字家喻户晓，几乎成了潮剧的代名词。

姚璇秋1935年生于澄海县。家族的祠堂——姚厝祠堂一度被用作戏馆，剧团进驻在这里演出潮剧。那时的潮剧演出盛行，小璇秋爱看戏，晚上11点后的"戏尾"成全了很多嗜戏而负担不起正常票价的人，这里头就有小璇秋。潮剧的种子就是这时候播下的。

所谓"天生丽质难自弃"，有着一副唱戏好胚子的她被伯乐发现，并最终入了潮剧这一行。别人能拜得一位名师就额手称庆，她却得到了好几位先生的指导。初入正顺潮剧团的时候，黄蜜先生教她一般的基本

功、身段；进入剧目了，就由陆金龙先生行戏；开声则是杨其国先生指导，教《扫窗会》。广东省潮剧团成立后，卢吟词、黄玉斗、马飞等先生也对她多有指导。

姚璇秋是怎么练成角儿的呢？她回忆说，当时先生虽然不打也不骂，但练功时，有先生在，大家就不敢偷懒。做一个定型动作，做对后就不能动，站个七八分钟，站到身上汗也出来了，先生去喝盏茶回来，才让换一个动作，如是再来；跑圆场，从慢到逐渐加速，上身配合身段做出各种动作，一天天练下来，全身各处的配合就越来越顺溜，不消说，双脚自然是最酸的；一些常规的连串动作，要练到最末一个动作定型时，整个身子稳稳的，不能有一丝晃动……没有捷径，只是每天都坚持这样练。

这只是形体方面的基本功，潮剧演员讲究唱、念、做、表，每一项都要经历千锤百炼。台上一分钟，台下十年功。姚璇秋从艺数十年间，塑造了几十个栩栩如生的艺术形象，她的同寅②姐妹、名青衣③吴丽君

经常与姚璇秋演同一个角色，也叹服姚璇秋的艺术创造能力。姚璇秋的演出得到广泛的认同，她的每一个角色，王金真、陈璧娘、苏三、江姐……即使很相似的黄五娘和苏六娘，也都各不相同，准确而真实，给观众留下深刻的印象。

舞台上的艺术创造要紧紧围绕人物和剧情，符合人物性格的塑造才是美的。传统的传承，包括对传统的认识，依然是当前潮剧的问题。姚璇秋惋惜地说："现在帮声④都很少见了，没有帮声，将使潮剧的特色又减一分。"

姚璇秋对眼下潮剧的"创新"提出自己的看法。她说，潮剧不是保守的，他们这代潮剧演员也吸收了不少其他剧种和艺术门类来充实自己的表演。"潮剧有近500年的历史，它有很深的根。"姚璇秋的话里，透着对潮剧艺术深深的感情。

（改编自梁卫群《姚璇秋——从未老去的潮剧传奇》）

【注释】

① 姚璇秋（1935—2022）：澄海人，著名潮剧演员。姚璇秋是全国第三、第四次文代会代表，中国戏剧家协会理事，广东省戏剧家协会副主席。代表作有《扫窗会》《荔镜记》《苏六娘》等。

② 同寅：年岁相同。

③ 青衣：戏曲角色行当，"正旦"的别称，也叫"青衣旦"，潮语称为"乌衫旦"。

④ 帮声：即帮唱。潮剧演出过程中的一种艺术形式，台上演员表演时，后台其他演员同时帮唱。

导读

　　一代名伶姚璇秋，在粤东大地家喻户晓，她主演的《扫窗会》《荔镜记》等名戏更是尽人皆知。本文介绍了潮剧大师姚璇秋在戏剧之路上的成长历程，为我们讲述了她如何凭"下苦功、会创造、敢创新"造就一出出好戏，为我们树立了刻苦学习、执着于事业的精神榜样。

知识拓展

　　潮剧的角色很多。明代为生、旦、贴、外、丑、末、净七行，而且每一种还有不同类型，俗语用"四生、八旦、十六老阿兄〔hian¹〕"来形容一个潮剧演员阵容齐全的标准。其中"四生"指小生、老生、花（丑）生、武生，"八旦"指乌衫旦、闺门旦、衫裙旦、彩罗衣旦、武旦、刀马旦、老旦、丑旦（女丑），"老阿兄"是指在剧中扮演各种杂角。

活动探究

1. 查找潮剧行当中其他名角的故事。
2. 看一出潮剧，了解情节内容，绘成一幅连环画。

④ 4 一代文豪秦牧①

　　秦牧出生于中国香港，幼年随父母迁居到新加坡生活了10年。后因家境破败，回到故乡澄海。在乡间读完小学后，升入汕头市立一中，两年后转到香港就读高中。在汕头和香港读书期间，他开始大量阅读社会科学书籍和文学作品，接受进步思想。抗日战争爆发后，秦牧先后做过部队政工人员、报社编辑和中学教师等工作，失业时，靠写作为生。1938年春，他到广州参加抗日救亡宣传活动，辗转于粤桂两省，并开始在广州报刊上发表作品。《秦牧杂文》是他创作的杂文与历史小品合集，由上海开明书店于1947年出版。

　　抗日战争胜利后，秦牧担任中国劳动协会秘书。1946年秋天，他迁居香港，开始三年的职业作家生涯。在香港期间，他担任过中国民主政团同盟港九支部的宣传部部长。

　　1963年，秦牧加入中国共产党。粉碎"四人帮"后，他创作了大量作品，仅结集而成的散文集就有10多部。自选集《长河浪花集》是其散文的代表作。他还出版了《艺海拾贝》及其姊妹篇《语林采英》，影响巨大。

　　秦牧从20世纪40年代初期开始从事文学创

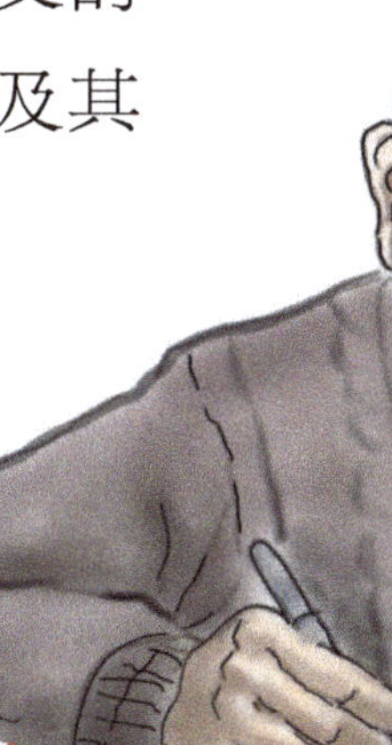

作，全部作品收入《秦牧全集》（10卷本），近500万字。作品体裁丰富，有杂文、小说、散文、儿童文学、艺术理论和科普小品等，尤以散文著称，有"散文大师"之誉，蜚声海内外。

秦牧在谈到读书时主张采取牛和鲸的吃法，即"牛嚼"与"鲸吞"。

什么叫"牛嚼"呢？他说："老牛白日吃草之后到深夜十一二点还动着嘴巴把白天吞咽下去的东西再次'反刍'嚼烂嚼细。我们对需要精读的东西也应该这样反复多次嚼得极细再吞下。有的书刚开始先大体吞下去，然后分段细细研读体味，这样再难消化的东西也容易消化了。"这就是"牛嚼"式的精读。

那什么叫"鲸吞"呢？他说：鲸类中的庞然大物——须鲸游动时俨然像一座漂浮的小岛，但它却是以海里的小鱼小虾为主食的。这些小玩意儿怎么能填满它的巨胃呢？原来须鲸游起来一直张着大口，小鱼小虾随着海水流入它的口中，它把嘴巴一合，海水就从齿缝中"哗哗"漏掉，而大量的小鱼小虾被筛留下来。如此一大口一大口地吃，整吨整吨的小鱼小虾就进入鲸的胃袋了。人们泛读也应该学习鲸的吃法，大口地"吞食"知识，广泛地阅读。一个想要学点知识的人如果只有精读没有泛读，就如同单靠精致的点心和维生素丸来养生，肯定是健壮不起来的。

秦牧认为，读书时"牛嚼"与"鲸吞"二者不可偏废。既要"鲸吞"，要大量地广泛地阅读各种书籍；又要对其中少量经典著作反复钻研、细细品味，如此这般精读和泛读就能有机地结合起来了。

（改编自梧桐子《散文大师——秦牧》、佚名《秦牧的读书故事》）

【注释】

① 秦牧（1919—1992）：原名林觉夫，学名林派克，广东澄海人。

导　读

　　秦牧的作品题材丰富、形式多样、生动感人，充满了时代精神。他的散文作品风格独树一帜，被誉为"散文一绝"。他在小说、童话、戏剧、诗歌、文艺理论等方面都有著作，故又被喻为"一棵繁花树"。本文介绍秦牧提出的"鲸吞"（泛读）与"牛嚼"（精读）结合的方法，对我们的读书学习很有启发。

知识拓展

　　"著作等身"是一个成语，形容著作极多，叠起来能跟作者的身高相等。广东省政协原主席吴南生怀念秦牧时挥笔写下"著作等身　智慧常明"八个字，是对秦牧先生创作生涯的高度概括。

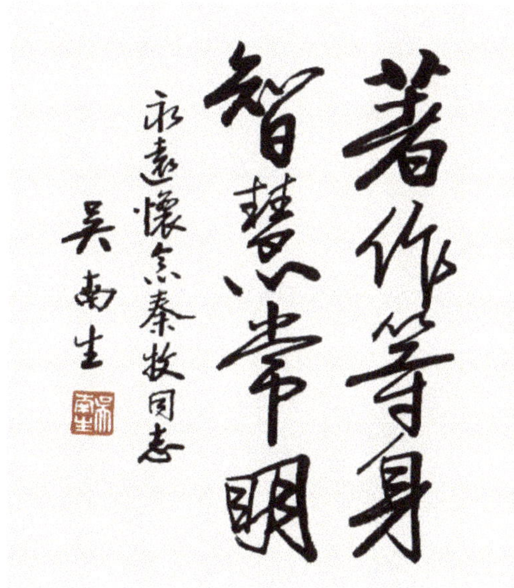

选择一部秦牧的作品进行阅读，并举办一次插画比赛，为他的作品配上插图。

1. 散文集（部分）：《华族与龙》《秋林红果》《塞上风情》《和年轻人聊天》等。

2. 儿童文学作品（部分）：《在化装晚会上》《蜜蜂和地球》《巨手》等。

扫码听音频

5 博学鸿才黄际遇[1]

广东澄海人黄际遇，在民国学界是红得发紫的牛人。他是多所大学的数学系主任，又是天文学家、文学家、书法家，还是美食家和中国象棋、击剑高手。

1885年，黄际遇生于澄海县的一个名门望族。清朝光绪二十九年六月（1903年8月），黄际遇由广东官派到日本留学，入宏文学校普通科学习。毕业后，又于光绪三十二年三月（1906年4月）入读东京高等师范学校理科，专攻数学，是日本著名数学家林鹤一博士的得意弟子，也是我国最早以修习数学为主科的少数留学生之一。

1910年，黄际遇回国，受聘任教于天津工学堂。下半年参加京试，中举人。民国三年（1914年），任武昌高等师范学校教授、数理系主任、教务长等职，开始了其在大学教书的生涯。

1930年，杨振声在青岛筹备大学。那一年夏天，国立青岛大学（1932年更名为山东大学）行开学礼。杨振声为校长，黄际遇为理学院院长兼数学系主任。两位学者，一位是蜚声国内的文学家，一位是闻名遐迩的数学家。在这次开学礼上，两人一出场，就是全场焦点。那时的

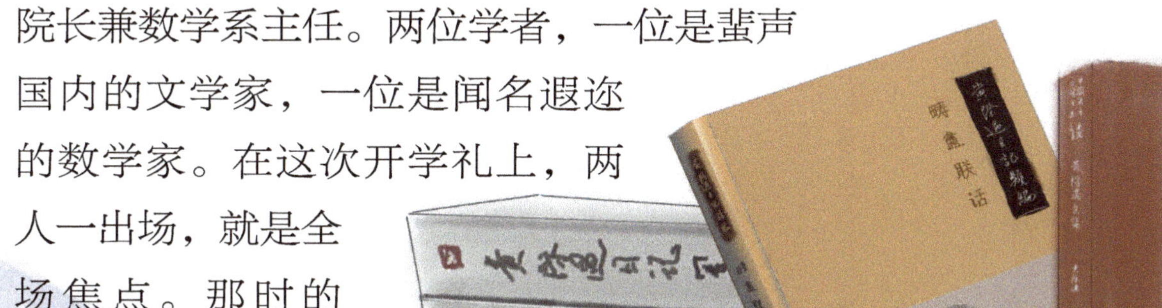

文学院教师梁实秋曾这样描写黄际遇的样貌："紫檀脸，膀大腰圆，穿的是长衫，黑皂鞋；讲一口广东官话，调门很高，性格爽朗而诙谐；他的长衫有一个特色，左胸前缝有一个细长细长的口袋，内插一根钢笔一根铅笔，取用方便。"有亲睹黄际遇先生风采的门生弟子则回忆说，他爱穿一件玄色长袍，胸前缝有两个特大的口袋，左边放眼镜，右边放粉笔。

20世纪30年代，日寇步步紧逼，九一八事变后，东三省沦陷，随后，华北危急。内忧外患之中，山东大学的学潮频发，黄际遇离开了山东青岛，重回广州中山大学。

在中山大学，黄际遇任数学天文系主任，兼任中文系教授，为中文系高年级学生讲"历代骈文[②]"。他经常幽默地说："系主任可以不当，骈文却不可不教。"听过黄际遇讲骈文的学生何其逊写道：黄际遇先生摇头晃脑地吟咏汪中的《吊黄祖文》，"而且还伴随着那抑扬顿挫、悠扬悦耳的潮州口音，以手击几，以脚打板，连两眼也眯缝起来，脑袋也在不断地画着圆圈"。何其逊的同桌李德善说："黄老师来教骈文，就是为了过瘾。"而他的板书，也非常有特点，一律用篆书写黑板，写得又好又快。

1945年8月15日，抗日战争胜利，举国欢腾。分散各地办学的中山大学师生，陆续返回广州校址。10月17日，黄际遇一行80余人，租赁一艘大木船从粤北的北江乘船返校。10月21日，"上午8时许，船行至白庙，将抵清远城。先生因出船舷解手，失足坠于江中"。同船的中山大学教务长邓植仪觉察后，多人下水营救却没能把他救上岸。一代岭南才子，终年仅61岁。

黄际遇遇难的噩耗传来，和黄际遇在青岛山东大学交往甚密的老舍撰写挽联云："博学鸿才真奇士，高风亮节一完人。"

（改编自刘宜庆《黄际遇：把名字写在水上》）

【注释】

①　黄际遇（1885—1945）：出生于澄海县澄城镇，是20世纪初在中国开创现代高等数学教育事业的元老之一。

②　骈文：中国古代的一种文体。开始于汉、魏，六朝最为盛行。后来有的骈文多用四字、六字成句，也叫四六文。

导　读

　　黄际遇先生学贯中西、文理皆通。通过这个故事，我们可以学习到的是，读书不能过早地有文理之分，学习的知识不能过于狭窄，要博学才能多才；还要有业余爱好，坚持体育锻炼，保持身心健康。这样才能把自己培养成为有用之才。

知识拓展

　　黄际遇勤于写日记，在山东大学执教5年，他写的日记名为《万年山中日记》《不其山馆日记》（《万年山中日记》24册、《不其山馆日记》3册，今由潮汕历史文化研究中心"文化名人档案库"永远收存）。

黄际遇在青岛

　　《万年山中日记》主要用中文，偶尔夹有英、日、德文；文有散有骈，此外还有对联、书信、棋谱和大段大段的高等数学方程算式。杨方笙教授在《黄际遇和他的〈万年山中日记〉》一文中写道："由于它全部用的是文言文，有些还是华丽富赡、用典很多的骈体文，文章里用了许多古今字或通假字，而且绝大部分没有断句、不加标点。如果读者不具备一定的文字学知识，几乎触目皆是荆棘，无从下手。"

　　（注："富赡"意为"丰富充足"，可用于形容才华、诗文、辞藻等。）

活动探究

　　1. 查找资料，详细了解黄际遇的故事，与同学们分享你的感想。

　　2. 黄际遇喜欢用篆书进行板书，请你试着学一学篆书的"黄际遇"三个字如何写。

民间传说

⑥ 今年番薯唔①比旧年②芋

话说在潮汕地区某个村庄，有一户人家有两个儿子：哥哥叫芋头，弟弟叫番薯。兄弟二人手脚勤快，小小年纪就能帮人放牛割草，补贴家用。只是兄弟二人虽同出一胞，性格却截然相反：芋头老实巴交，安分守己；番薯灵活善变，能说会道。

一转眼，兄弟俩20多岁了，由于家中收入有限，他俩都没钱娶老婆。于是两人商议，由一人外出打工，一人照看家里。这年春节刚过，老大芋头就背起包裹进城找工作了。

农村都传说城里人比较精明，恰逢城里就有这么一个财主，为人吝啬、小气、奸诈，时人③送他绰号"咸涩佬"④。他开了一间米铺，需要一个力气大的人来扛米运米，但由于这"咸涩佬"为人实在小气，新店开业之后居然没人前来应聘。等了好几天，终于有个乡下人前来应聘，这个人就是芋头。

"咸涩佬"一见芋头人高马大、膀大腰粗，顿时双眼放光，开出一年十两银子的工钱，芋头欣然答应。谁知道"咸涩佬"提出要等到"送神"⑤那天才能领工钱，并且领工钱前要回答他三个问题，回答不了其中一个，就扣三两三银子，三个问题都回答不了十两银子就全扣除。芋头为人老实，不知是计，就满口答应了。

这一年芋头手脚勤快，兢兢业业。寒来暑往，转眼来到了腊月二十四，芋头打点好行李，准备讨完工钱回家过年。他去找"咸涩佬"，"咸涩佬"这时正坐在大厅中，边品茶边对芋头说："年初我们的约定，可还记得？"芋头说："记得，记得。""咸涩佬"提出了三个问题，芋头一听张口结舌，一个都回答不出来，只好空着手回家。

番薯见哥哥空着手悻悻地回来，问明情况后，决定明年也到"咸涩佬"家做工，替哥哥讨回公道。过年后，番薯来到"咸涩佬"店里应聘，"咸涩佬"又提出相同的约定，番薯一口答应，但提出要求，如果回答得出，就要双倍的工钱，"咸涩佬"同意了。

转眼间，又到了年底，番薯来讨工钱。"咸涩佬"悠悠然一脚踏进门槛，一脚留在门外，要番薯猜他究竟是要进来还是要出去。番薯说："你要出去。"边说边把他抱到外面。"咸涩佬"说："你怎能抱我呢？"番薯答："你的苦力事不都是我干的吗？"

"咸涩佬"无法反驳，又问："天有多高？"

"天有两个屁股高。"

"胡说，你有何证据？"

"老爷，这可是你自己说的，你不是常说你儿媳妇在洗衣服时屁股翘得半天高吗？那翘两个屁股不就是顶着天吗？"

"咸涩佬"无话可说，想着最后一个问题，一定能难倒番薯。他指着自己的脑袋问："我的脑袋有多重？"番薯转身跑去拿把刀和秤，朝

　　"咸涩佬"的头左看右瞧，说："你的脑袋刚好18斤重，不信砍下来称称。"说完提刀向前，吓得"咸涩佬"连连后退，惊叹道："今年番薯唔比旧年芋。"最后只好乖乖把双份工钱如数奉还。

　　后来，人们就用"今年番薯唔比旧年芋"比喻事物不断在变化，不能以老眼光看待新事物。

（改编自《潮汕故事——今年番薯唔比旧年芋》）

【注释】

①唔：不。

②旧年：去年。

③时人：当时的人。

④咸涩佬：潮汕人把"小气"称为"咸涩"，"佬"指人。"咸涩佬"，指小气的人。

⑤送神：农历腊月二十三和二十四，是中国传统的祭灶日，又称作"送神"。

导 读

　　芋头和番薯两兄弟，先后到同一个吝啬的财主家干活，年底结算工钱时遭到财主同样的刁难，两个人的应对方式不同，结果也截然不同。我们要学习弟弟番薯的机智善辩，也要以财主的故技重施为戒，懂得用发展的眼光看待问题，不断地更新解决问题的方法。

知识拓展

　　三国时期，东吴原来能武不能文的武将吕蒙，听了孙权的劝告后，发奋读书，进步神速。一段时间后，都督鲁肃来观察吕蒙的防地。吕蒙就对蜀防备的事情讲得有条有理，还写份建议书给鲁肃，鲁肃很惊讶，说道："士别三日，当刮目相看。"

　　成语"刮目相看"意指不能总用老眼光去看待别人。

活动探究

　　同学们，你们现在知道了"今年番薯唔比旧年芋"的意思了吗？我们潮汕还有很多有趣的俗语，请你搜集后选择最感兴趣的一句，编成故事，和你的小伙伴演一演吧。

7 苏六娘

苏六娘与郭继春为爱情献身的故事，在海内外潮人中广为流传，其知名度比起《梁山伯与祝英台》有过之而无不及。"爱食好鱼马鲛鲳，爱娶雅嬷苏六娘"[①] "西胪无望"[②] 等潮汕俗语在潮汕及海外潮人聚居区老少皆知。

相传明朝时，揭阳县桃山都雷浦村有个苏员外，家中有个女儿六娘，自幼天资聪颖，被送往西胪姑母家读书，与表兄郭继春互生爱慕之情，私订下山盟海誓。苏员外因与人打官司，把苏六娘许配给潮州府杨书办的儿子杨子良，于是召六娘回家，准备出嫁。六娘回到雷浦村，听父亲说把她许配给杨子良，想要投榕江以明心意。后来杨家来迎娶前，六娘偷偷逃往婢女桃花京北村的母家暂避，苏员外只好挑选一名婢女代嫁。杨子良在半路发觉，气急败坏，把假六娘一拳打死。杨书办闻得儿子害了人命，怕受罪责，遂假称新娘不幸掉下深坑死亡，把这事暂时平息下去。几经周折，郭继春之父郭员外命人到京北村悄悄把六娘接回府，暗中跟随郭继春上省赴试。

后来，郭继春赴试不第带着六娘回归，被杨子良探知，由他父亲修书给苏氏族长，要其执行族法，严治苏六娘。族长命家丁将六娘骗回雷浦村，捆绑并拖到祖祠，召集苏姓族人，打开神龛宣读族法，并将苏六娘装进猪笼，扛至双溪嘴，沉下榕江，郭继春闻讯也悲极投江。

据说，第二天，郭继春抱着苏六娘漂浮于白屿海面，后被人捞起，同葬于凤山顶上。在汕头市潮阳区西胪镇，人们感念苏六娘勇敢追求爱情的精神，为苏六娘建起的墓园至今还在。

（改编自《苏六娘传说》）

【注释】

① 爱食好鱼马鲛鲳，爱娶雅嬷苏六娘：马鲛鱼、鲳鱼是两种味道鲜美的鱼，而苏六娘是非常美丽的女子，用老百姓最喜欢的物与人并举，说明老百姓对其热爱的程度。

② 西胪无望：指在故事《苏六娘》中，苏六娘想嫁给西胪的表兄郭继春，但是感到一点希望也没有。

导读

潮剧《苏六娘》首次是由广东省潮剧团演绎，1957年拍摄成电影，两年后又拍成了彩色影片。时代更迭，传统的戏剧故事却一直在流传着。让我们一同阅读《苏六娘》，感受苏六娘勇敢追求爱情的精神。

1. 桃花过渡。

《桃花过渡》为潮剧传统剧目《苏六娘》中的一折，叙述苏六娘的爱婢桃花奉员外、安人之命前往西胪报信，过江时与渡伯对歌的情景，充分表现了桃花聪明伶俐及渡伯善良风趣、热心助人的性格特点，富有人情味和地方特色。

2. 苏六娘墓。

苏六娘墓在汕头市潮阳西胪镇南凤村白屿小埔，碑上刻着"明姚苏六娘之墓"几个金字。据说，苏六娘的原墓曾被毁，因感念苏六娘勇敢追求幸福的精神，乡人重建此墓。茂密的榕树环绕着这一座简朴的石墓，芳草萋萋，几代春秋，芳华仍在。

欣赏潮剧《苏六娘》，学唱经典唱段《桃花过渡》，记录自己学唱潮剧唱段《桃花过渡》的心得体会，有机会可以向会唱潮剧的长辈请教潮剧的唱法，并上网查找了解有关潮剧演唱的更多资料。

8　夏雨来

夏雨来[1]是潮安龙湖寨人，至今，龙湖寨还有一条巷子叫夏厝巷。相传夏雨来是一个秀才，潮州有句俗话，"三代无须一代胡"[2]，说的就是夏家的典故。

夏雨来学名夏懋学，父亲夏宏、祖父夏建中都有功名，以前潮州太平路与西马路头利源街口有"三世科甲"牌坊，就是为他们立的。但三世之后却出了个夏雨来。"雨来"两字在潮州话中与"狐狸"的白读音相近。因为他的刁钻刻薄如狐狸，故而民间多谐音称他为"夏狐狸"。

夏厝巷原名中平巷，据说其改名也和夏雨来有关系。夏雨来名贯乡里，一心要留名后世，就招了一帮小孩子，不时散发糖果，教他们管中平巷叫夏厝巷，不叫的就没有糖吃。久而久之，小孩长成大人，夏厝巷也叫顺口了，后来大家就只知道夏厝巷而不知有中平巷了。

关于夏雨来，最出名的要数"背石磨"的故事了。话说有一天夏雨来的一个朋友写了一张借条，让仆人到夏家借帽子，仆人不识字，拿着主人的借条就来找夏雨来。刚好夏雨来光着膀子在前门口乘凉，仆人以为他是个下人，就大声地问："喂！夏雨来可是住在这里？"夏雨来见他没有礼貌，心里就有气，但却不动声色，指了指后门说："你到后面去，那个坐在门口看书

的就是他。”然后夏雨来就返身回屋，换了一套衣衫，拿了本书来到后门。仆人一见，恭恭敬敬地递上借条，说：“夏秀才，我家主人要借这个。”夏雨来装作十分乐意的样子，说：“哦，你家主人要借磨（帽）！”在潮州话里，“帽”与“磨”同音，夏雨来让他把石磨背回去，又写了一张回帖让仆人交给他的主人。主人一看，啼笑皆非，知道仆人得罪了夏雨来，只好让他把石磨背回夏家去。夏雨来的回帖上写的是：“前门夏雨来，后门夏秀才，罚你石磨背去背转来！”

　　这个故事告诉我们，讲礼貌是最基本的素养。

（改编自《夏雨来的故事》）

【注释】

　　① 夏雨来：传说是潮安龙湖寨（今潮州市潮安区龙湖古寨）人。

　　② 三代无须一代胡：指祖上三代都是较为老实正直、温文尔雅的人，这一代出了和祖上截然不同个性特点的人。须，潮音[ciu^1]，繁体字作“鬚”；胡，潮音[hou^5]，繁体字作“鬍”。

导　读

　　说起潮汕地区的民间传奇人物，那就非夏雨来莫属。在潮汕地区的民间传说中，夏雨来有两种形象：一种是正面的，描绘的是一个好打抱不平，用自己的学识和智慧锄强扶弱、惩恶扬善的神奇人物；而另一种形象却相反，把他说成是喜欢倚仗权势、利用自己的小聪明搞恶作剧的恶少。请同学们通过阅读课文和其他夏雨来的相关故事，思考、分析夏雨来是什么样的形象。

　　龙湖古寨始创于宋，围寨于明，繁盛于清，见证了潮汕地区从农耕时代到商业时代的历史变迁。

　　龙湖古寨内"三街六巷"古第巨祠密布，建筑群呈带状分布。寨内宗族祠堂、名宦府第和商贾富绅豪宅有100多座，其中较出名的有"方伯第""进士第""探花府""绣衣第""许氏宗祠""龙湖书院""天后宫""夏雨来故居"等。这些古建筑，汇集了木雕、石雕、贝雕、嵌瓷、彩绘、贝灰塑等潮州民间工艺的精华。各民居的门廊立面装饰隆重，门簪、门匾、对联、侧壁则多绘风俗彩画；门框、柱梁、柱础、栏杆、台阶等都用石雕，尤其喜欢用石鼓、瑞兽、狮子等。其体现了宋、元、明、清各个历史时期的不同建筑风格，堪称"府第文化博物馆"。2012年11月，龙湖古寨入选"广东十大最美古村落"。

　　观看潮语电视剧或电影《夏雨来》，和同学们讲讲你觉得最有趣的几个故事，并选取《夏雨来》中你记忆深刻的片段，发挥你的想象力，进行续写。

9 大峰祖师公

　　大峰祖师公是汕头市潮阳区和平镇著名景点，全称"和平大峰风景区"，内供奉著名高僧——大峰祖师公，潮阳人多称此景点为"大峰祖师公"。景区长期开放，大殿前香火旺盛。

　　传说北宋年间的温州，一户姓林的有钱人家，娶妻多年但一直没有孩子，非常烦恼。有一夜，这个姓林的男子梦见一个高僧跟他说："若能广积善德，烦恼自可解除。"老林醒了之后非常有感悟，从那个时候起他就乐善好施，没过多久妻子就怀孕了。但是非常古怪的是，这个孩子居然怀了18个月。

　　1039年，孩子终于出生了，老林给孩子取名叫灵噩。这个孩子从小就非常聪明孝顺，本来可以早早去考取功名，但是他一直等到父母寿终之后才去，一考就中。做官期间，老百姓吃苦他也跟着吃苦，可以说是爱民如子。后来，北宋朝廷开始走下坡路，灵噩不愿意参与政治运动，就辞官而退，落发为僧，法号"大峰"，既云游四方又博览广采，终成一名博学的高僧。1120年，已经80多岁的大峰祖师从福建一路游到潮阳蚝坪(即今和平)，看到这处地方山川灵秀①，地气平和，就在牡丹山住下了(即今灵泉寺)。

当时的和平瘟疫②流行，尸横遍野，大峰祖师看到这种情形心有不忍，于是设坛于"狮尾石"（即今大峰石），一边念经为百姓祈福，一边清洁水源，还采药为民众治病。除此之外，大峰祖师还为当地老百姓铺路修桥。练江连通大海，水流非常急，有不少村民溺死在这里。看到这样的情形，大峰祖师便四处化缘③，立誓要建桥。他到福建化缘了3年之后，顺利回到潮阳建桥。1127年，和平桥已经建设到16孔了，但是大峰祖师却因为操劳过度而去世。当地人被他的精神所感动，齐心协力完成了他这份遗愿，最终建成和平桥，和平桥至今仍造福着往来的老百姓。

大峰祖师公因其慈善精神而得到了当地人的供奉。他是潮汕慈善事业的开山祖师，而潮汕则是大峰祖师信仰的发源地。大峰祖师信仰与其所内含的慈善情怀，不单对潮汕地区有很大的帮助，更跟随着华侨的足迹远扬至东南亚，泰国受其影响尤深。1910年，泰国著名侨领郑智勇等12人共同发起，在曼谷建成了大峰祖师庙，名为"报德堂"，1936年改称为"暹罗华侨报德善堂"。早年许多闯荡泰国的人生活贫困，经常有人病死饿死，善堂最早的善事便是收殓这些饿死病死的人。后在此基础上，逐渐开设起华侨医院、大学、义庄。100多年来，善堂做了大量的施医义葬、扶贫济幼等工作。人们沐大峰祖师之恩后，又回过来报恩，以自己的钱财或人力支持慈善事业，善堂又利用善信所捐的钱做更多的善事，受益者又感恩捐款，如此循环不已，慈善事业不断扩大发展。直到今天，善堂依然在不断发挥着作用。

大儒饶宗颐先生曾说："善堂文化是潮汕文化的一个组成部分。我们提倡'潮州学'，如果摒弃善堂文化，就有遗珠之憾。"如今，大峰

祖师精神和善堂文化也早已走出潮汕，成为全球华侨华人的精神纽带之一。

【注释】

① 灵秀：指的是清秀美好、灵活、美丽。如北魏郦道元 《水经注·河水二》："河北有层山，山甚灵秀。"也可以指聪慧灵秀的姑娘。

② 瘟疫：指恶性传染病，是由于一些强烈致病性物质，如细菌、病毒引起的传染病。

③ 化缘：指僧、道向人求布施。

导　读

大峰祖师因其济世救民、广施善德之情怀而深为后人景仰，其善行在潮汕大地播下了种子，开启了潮汕人行善之风，海内外众多潮人善堂和民间慈善团体以大峰祖师信仰为号召，团结善信，救灾解难。让我们一起通过文章来感受、领悟其中的精神文化。

　　潮汕善堂至今已有近千年的历史。而潮阳的和平报德古堂，就是潮人善堂的"鼻祖"。潮汕地区的绝大多数善堂是奉敬宋大峰祖师并以此为号召的，但也有个别奉敬吕祖、玄天上帝、华佗仙师、窦先师、齐天大圣及"崔师爷""林大人""佛祖""老君""圣母"等。总之，把为民做过好事的先贤或神仙当作崇拜对象，也有利于筹资集物以行善，其主要宗旨是弘扬佛家慈悲济世、积德从善的信念，奉行济困扶贫、修桥造路、抚孤恤寡、助残助学、救灾救难、调解民间纠纷等善举。在历史发展过程中，善堂逐渐演化成熔释、道、儒文化于一炉的民间自发的带有宗教色彩的慈善救济机构。

　　和家人朋友一起到和平大峰风景区参观游览，感受大峰祖师带给我们潮汕地区的文化底蕴，并写一篇游记。

10　樟林林檎

在潮汕地区声名远播的"樟林林檎"，学名"番荔枝"，果实浑圆，大小如苹果，果皮上隆起如鳞片状。其果肉洁白，如膏似脂；果味清润，甘甜胜蜜。1986年，樟林林檎参加广东省优稀水果评比，获"广东省优稀水果优质品种奖"。

相传200多年前，樟林旅泰华侨从南洋带来了林檎的树种，种植在樟林荖巷一带，现在作为一种地方特产的樟林林檎，都是这批异国树苗的后代。

樟林荖巷位于樟林北郊，清朝中期以前一直种植荖叶，晚清至民国，食荖叶之风渐减，这片田园便改种潮州柑。1918年正月初三潮汕大地震，再加上1922年海风潮，柑园大遭破坏，乡人便改种林檎。后来又移栽到了官路一带，成就了著名的樟林"官路林檎"。樟林林檎的成片种植、大量生产，于此时开始。经过多年的生长和几代种植人的努力，越洋而来的林檎扎根在了樟林，并因品质优良而成为

特产。

　　樟林林檎驰名海内外，特别是海外侨胞常念念不忘。林檎虽然好吃，但吃的方法不对，也会闹出笑话。民间传说日本鬼子侵略樟林时，听说樟林林檎之名也想一试，但不懂得果实得成熟之后才可以吃，从树上摘下半生不熟的果子用刀剖开，像吃苹果一样吃它，结果涩味满口，一怒之下挥刀砍树，传为笑柄。

　　林檎之名，源于古代，但古代的林檎指的是一种小苹果之类的水果。在我国台湾，林檎个大而表皮疙瘩隆起，略似菩萨头冠，故称"释迦"，又名"佛头"。

（改编自《樟林林檎》）

导　读

　　越洋而来的林檎在澄海樟林扎根发展，也是潮汕地区的"华侨果"。请大家认真阅读课文，从文中了解樟林林檎的由来，并学习前辈善于学习、勤劳刻苦的精神。

知识拓展

　　林檎的种植：一般在秋天选择年年丰产又不易裂果的林檎树株，采摘果大、形正、质优且成熟的果实，掏出种子洗净，晾干，便可播种。一般育成60厘米以上的幼苗要2年以上，但若肥水处理好，1年之内也可出圃。种植林檎除了用实生苗之外，也可用嫁接的方法。林檎以春天种植为佳，种植时要施足基肥，到新芽萌生时要实时追肥，每年追施2～3次，分别在节气雨水前后、小满前后及采果后进行。林檎叶片遇旱易卷缩，要注意防旱，并在早上或者黄昏地温较低时注水。对于刚成形的果树，要进行整形，将骨干顶部截去，促使中、下部侧枝萌生，以增大果树冠。同时要增施磷、钾肥，促使它多结丰满的果实。林檎实生苗种植3～4年后就能结果，第6年后进入结果盛期，果实在8月下旬至9月份成熟。当果实未软熟裂开，果色稍转青黄，果皮略现裂痕呈白色时，就可带柄剪下。

到樟林林檎的种植地参观，体验樟林林檎的种植和采摘过程。请你观察品尝林檎和潮州柑，进行对比，总结它们的特点并记录下来。

特点	樟林林檎	潮州柑
外形		
果肉		
味道		
口感		
社会影响		

华侨华人故事

11 泰国华人第一富翁陈弼臣

陈弼臣原籍广东潮阳，父亲是曼谷一个商业机构的一名普通职员。5岁的时候，陈弼臣被送回家乡上小学，后因家贫辍学[①]。17岁时又去了曼谷，在那里当售货员，也干过厨师和搬运工，还担任过两家公司的职员。

陈弼臣工作踏实，任劳任怨，无论干什么都从实际出发，一步一个脚印。经过4年自强不息的奋斗，他终于从一家公司的秘书升任为经理。从那以后，他又在几位朋友的帮助下，集资筹办了一家五金、木材公司，并任经理。之后他陆续又办了3家公司，专营木材、五金、食品、药物以及大米的外销业务。到1944年，陈弼臣与泰国的10位商人筹资20万美元，创立了盘谷银行，盘谷银行后来发展成为泰国最大的银行，陈弼臣也成为当时泰国华人的首富。

陈弼臣的次子陈有汉认为，他的父亲是一位能够在逆境中进取的领导者。父亲善于物色[②]、使用人才，坚持"任人唯贤，唯才是举"的原则，而且"用人不疑，疑人不用"。父亲不仅亲自物色和网罗[③]一大批学有所长的能人，还建立了研究与计划部门，这个部门是他的智囊团，为他制定重大的战略方针，避免竞争中的盲

目性。

　　每位企业家都有自己的经营之道，陈弼臣的经营哲学与众不同。他说："开办银行是做生意，而不只是金融业务。我判断一笔生意是否可做时，只是观察这个顾客本人，他的过去和他的家庭情况。"盘谷银行之所以能迅速发展，与陈弼臣敏锐的目光、深邃的洞察力、捕捉时机以及预见未来的能力是分不开的。

　　陈弼臣直至年逾古稀④，依然精力充沛，不仅参加每周两次的董事会例会，而且每天都到总行督阵⑤，亲自处理重要事务，就主要贷款和关键问题提出意见。他身边的亲信⑥说："关于银行每日财务变化的情况，陈弼臣了如指掌⑦，他甚至比许多具体操作的员工了解得更清楚。"

　　陈弼臣作为一个白手起家⑧的海外华人，深知创业的艰难，更知道华人在国外的艰难，所以，他时刻不忘团结、帮助自己的同胞。早在创业之初，陈弼臣就经常帮助那些被外国大银行拒之门外的华裔商人，为他们解决资金和业务上的困难。有些身穿短裤、走投无路的小商人直接闯进他的办公室，陈弼臣并不因此而生气，而是满怀同情地接待他们，尽自己所能帮助他们。

　　除了陈弼臣，许多华侨的后代也都出生在国外，从小接受西方教育。从表面上看，他们都越来越西方化，但他们都以自己是中国人的后裔⑨而感到自豪。不管国籍、不论出身，我们的血管里流的都是中华民族的血，都要努力学习本领，为家乡、祖国的建设发展贡献自己的力量。

（改编自《白手起家的海外华人金融巨子》）

【注释】

① 辍学：中途停止上学，指学生没有完成规定学业而中途退学的行为。

② 物色：指寻找需要的人才或东西（多见于古文）。

③ 网罗：指多方面地搜求、招致人才。

④ 年逾古稀：意思是年龄已经超过了70岁。逾，超过。古稀，指人70岁。

⑤ 督阵：监督作战，引申为监督工作。

⑥ 亲信：文中指亲近而信任的人。

⑦ 了如指掌：形容对情况非常清楚，像指着自己的手掌给别人看。

⑧ 白手起家：没有任何经济实力支持，靠着双手进行创业，最后获得成功的果实。

⑨ 后裔：后代子孙。

导 读

在中国近代发展史上，有大量潮汕人选择"过番"打拼，在外国闯出一片天的他们时刻不忘团结同胞、扶持桑梓。泰国华侨陈弼臣就是这样一位爱国爱乡的侨民典范。他的一颗炙热爱国心、一腔深深爱乡情，他白手起家、勇于开拓创业的精神值得我们尊敬和学习。

陈弼臣（1910—1988），广东省潮阳县峡山镇人（今汕头市潮南区峡山街道），泰国盘谷银行的创办人。在陈弼臣的打理下，盘谷银行已经成为泰国的经济支柱。陈弼臣对泰国的各类公益事业捐款数以亿计，

范围涉及教育、文化、体育、卫生、恤难等方面。1978年还专门设立了
"陈弼臣慈善基金会"，每年设奖学金资助贫苦学生。

同学们，你们还知道哪些泰国华侨的故事呢？请选择一两位，查找
相关资料，为他（她）写一段简介吧！

12 火炬手陈汉士先生

  2008年北京奥运会举办前夕，继4月19日在曼谷传递圣火后，陈汉士[1]将在自己的家乡汕头第二次举起"祥云"火炬。能够同时在泰国和中国传递火炬，这位73岁的老人显得无比骄傲。"这是家乡给我的荣誉，我终身难忘！一个是所在国，一个是祖籍国，能够在这两个地方传递圣火，我真的非常幸运，"陈汉士动情地说，"这里是我的根，我对这片土地有着特殊的感情。见到家乡的人民，我更感动；在家乡传递圣火，我更骄傲！"白色T恤[2]后面印着"北京2008，与奥运同行，泰国"，尽管在家乡举起火炬的庄严时刻还没到来，但陈汉士已经迫不及待地穿上了自己定制的奥运服装。"怎么样？还可以吧？"带着爽朗的笑声，老人潇洒地转身，看上去神采奕奕[3]。

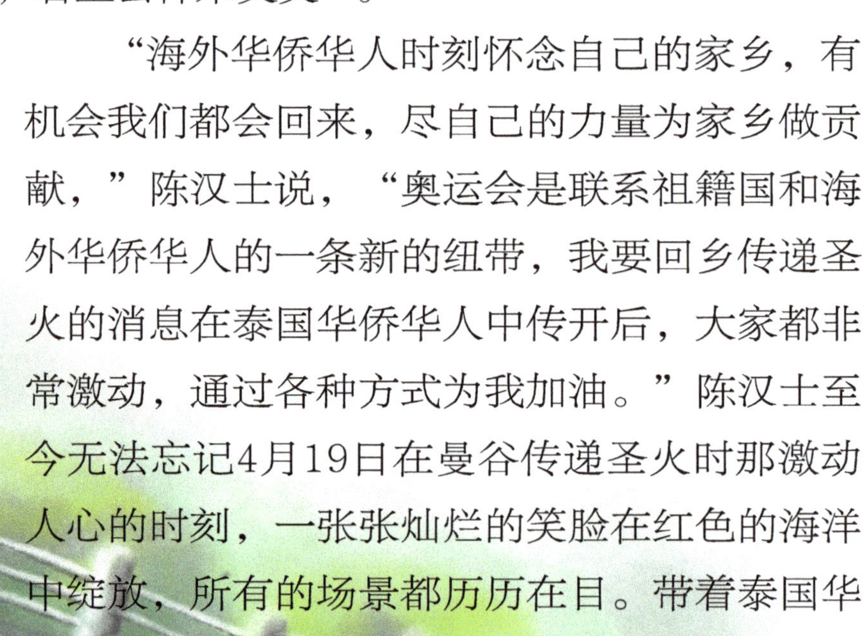

  "海外华侨华人时刻怀念自己的家乡，有机会我们都会回来，尽自己的力量为家乡做贡献，"陈汉士说，"奥运会是联系祖籍国和海外华侨华人的一条新的纽带，我要回乡传递圣火的消息在泰国华侨华人中传开后，大家都非常激动，通过各种方式为我加油。"陈汉士至今无法忘记4月19日在曼谷传递圣火时那激动人心的时刻，一张张灿烂的笑脸在红色的海洋中绽放，所有的场景都历历在目。带着泰国华侨华人的祝福，陈汉士携④家属踏上了家乡的土地，他的心中，涌动着不一样的情。

作为奥运圣火传递汕头站的火炬手，汕头泰中友好协会副会长、泰国潮州会馆主席、汕头荣誉市民陈汉士先生最后终于在自己的家乡汕头举起了火炬。在火炬传递现场，他激动地说："汕头的奥运气氛很热烈、很感人。"

陈汉士先生是广东奥运火炬手中年龄最长者。陈汉士先生说，本届奥运会在北京举行，既展示了中国的综合国力，也将会展示中国的智慧、中国的文明。他也很荣幸接到邀请，将到现场参加奥运开幕式。"为更好地参加圣火传递，我在几个月前就开始增加慢跑的锻炼。过去我曾经是篮球运动员，现在身体也不差。"陈汉士先生展示着健美的体格，开心地说。北京奥组委一位负责人告诉他，全世界就他是唯一一位分别在侨居国和祖籍国两次参加圣火传递的火炬手，为此他感到十分荣幸。陈汉士先生表示，汕头是广东著名的侨乡，汕头人民无论在世界的哪个角落，都展现出勤劳坚毅的个性，而且无论走到哪里，始终都心怀家乡，为家乡建设做出贡献。

（改编自《陈汉士：情系桑梓 热心公益》）

【注释】

① 陈汉士（1935— ）：泰国著名实业家。祖籍汕头市潮阳区谷饶镇，为泰国万盛冷冻食品（大众）有限公司集团董事长、泰中友好协会副会长、泰华进出口工会理事长等。

② T恤：一种短袖运动衫。

③ 神采奕奕：形容精力旺盛、容光焕发。

④ 携：提，随身带着。

汕头是我国著名的侨乡，与世界有着密切的联系交往，具有较强的对外开放意识和市场经济观念。海外侨胞无论走到哪里，始终都心系家乡。这篇文章描写了陈汉士先生在泰国和中国担任2008年北京奥运会火炬手的事迹，反映了他热爱中国、热爱家乡的精神，是我们学习的榜样。

知识拓展

奥林匹克运动会（Olympic Games）中文简称"奥运会"，是国际奥林匹克委员会主办的世界规模最大的综合性运动会，每四年一届，会期一般不超过16天，是世界上影响力最大的体育盛会。

运动会开幕前进行"火炬接力"活动，是从在德国柏林举行的第十一届奥运会开始的。当时，德国长跑运动员到希腊奥林匹亚点燃火炬，然后一个接一个把火炬传到柏林运动场。

活动探究

中国北京分别在2008年举办了夏季奥运会、2022年举办了冬季奥运会。你知道这两届奥运会创造的世界纪录、奥运会纪录有多少项，中国队取得的金牌总数和奖牌总数各有多少吗？请查阅资料，并记录下来与同学们分享。

13 蓝金生与南盛里

在澄海樟林有一座气势恢宏的侨宅——南盛里，它的主人蓝金生是一位具有传奇色彩的大华侨。

蓝金生原为樟林南社人，出身贫寒，因长得不好看，从小就被邻里取笑，还被起了一个花名叫"酷丑"。小时候，他以帮人家挑水、卖水、砍柴、赶海卖货为生，身上的衣服都是补丁。为了改变贫困的命运，蓝金生在十多岁的时候，背井离乡，乘红头船漂洋过海，到新加坡、暹罗等地谋生。

刚到番畔[①]，他想：这里人生地不熟，要想站稳脚跟，需要稳扎稳打。于是，他从帮人打工做起，存了一些工钱后便做起日杂用品的小生意。靠着勤俭节约，他慢慢地积攒了一些钱，遂买了小货船，开始做船运生意。他由于诚实忠厚，信用良好，生意蒸蒸日上。后来，蓝金生得到贵人相助，在商战中打败了福建"糖业大王"黄仲满，在南洋站稳了脚跟。他艰苦拼搏，生意也越做越大，与人合作在新加坡组建"四海通

银行"，发起华侨金融事业，终于成为20世纪初潮汕屈指可数的华侨富豪。

俗话说："番畔钱银唐山福。"[2] 蓝金生也和其他海外赤子一样，致富了不忘反哺家乡。于是，他毅然返回故里，花了17年工夫，独资兴建了一座让家乡樟林古港增光添色的潮式建筑群——南盛里。

南盛里荟萃了众多潮汕民居特色，是集建筑、设计、石雕、木刻、嵌瓷、泥塑、书法、美术于一体的艺术珍品，是古建筑文化的典范。它占地80多亩，有华丽富贵的驷马拖车、四点金，也有普通民宅，共70座671间。整个南盛里五巷三埕一池，布局疏密有致、层次分明、科学合理。它四面环水，建筑设计上的防潮、防涝和排水系统在100年前是一个创举。除了巷口、闸门设有关闸，地面有纵横的排水沟外，还有五道80厘米×140厘米的地下排水沟，安全卫生系统和生态系统设计合理。

南盛里核心地带是锡庆堂（蓝氏通祖祠），所有的门楼内外侧都采用多幅石刻、诗画，绘制了人物、戏台、法器并配有栩栩如生[3]的动物、花木，锡庆堂的拜亭、内庭、外庭面积宽大，是潮汕地区罕见的"下山虎"[4]。

南盛里的主人——蓝金生勤劳拼搏、艰苦创业，创造了一个又一个的辉煌后，不忘回报家乡，是一位热爱家乡的著名华侨。其精神值得我们学习。

（改编自郭作哲《南盛里巡礼》）

【注释】

① 番畔：国外、海外（多指南洋）。

② 番畔钱银唐山福：这是潮汕俗语，指的是在海外挣的钱，寄回来给家乡的人享福。

③ 栩栩如生：形容艺术形象生动逼真，像活的一样。

④ 下山虎：潮汕民居的一种建筑范式。

导　读

　　蓝金生身在海外，远离祖国、亲人。他敢为人先，勤劳拼搏，富了不忘桑梓，无私地将他宝贵的智慧、信息和资源贡献给家乡。他诚信、友善、勤劳，对长辈关心，对祖国、家乡无比热爱，是我们学习的榜样。

知识拓展

　　樟林古港，从一个海角荒地发展成为负有盛名的港口，经历了多少风风雨雨。清代康、乾年间，樟林是广东较大的港口之一，是红头船航泊的港口，北上沪、津，西至雷、琼，南下可达安南、暹罗、马来亚诸地，从樟林古港出发到海外谋生的人也日益增多。鸦片战争之后，汕头港逐渐取代了樟林港的国际海运地位。

　　请同学们到樟林古港开展研学活动，参观南盛里，进一步了解蓝金生先生等爱国华侨的事迹。再拿起你手中的画笔，画一画你心中的南盛里，与大家分享！

14　旅泰华侨谢慧如

1989年11月23日，76岁的谢慧如先生在旅居泰国62年后首次回乡。那是怎样的一种场面啊，乡亲们扶老携幼[2]伫立[3]在秋雨中，夹道欢迎的队伍长达数里。当谢老先生魁梧[4]的身影出现在村道上时，箫笙鼓乐震天动地，乡村沸腾了，乡亲们为自己拥有的这一方水土养育出这么一位著名人物而感到自豪。面对这一片浓得化不开的乡情，谢慧如的心深深震撼了！他情不自禁，频频向乡亲们挥手致意。就在这一天，他亲自为他捐资45万港元修建的水厂剪彩；就在这一天，他决定捐资100万港元在家乡建育智小学，捐资85万港元扩建官塘中学；就在这一天，

摄影：林琢勋

摄影：林琢勋

　　他请全村人吃饭，赠送大彩电给村里的老人们，晚上又请乡亲们看潮剧。乡亲们热泪盈眶[5]，纷纷拉住谢老先生的手，千言万语不知从何说起。乡情，是中华儿女最炽热[6]的一种情感。1991年4月，谢慧如先生祖孙三代衣锦还乡。他兴致勃勃地视察了由他捐建的学校、体育馆，并再次慷慨解囊，捐赠320万元人民币兴建潮州市艺乐宫和图书馆，捐资300万元人民币设立谢慧如奖励潮州市优秀市民基金会，捐资100万港元设立潮州市潮剧艺人福利基金会。乡亲们奔走相告：新加坡出了个陈嘉庚，中国香港出了个李嘉诚，泰国出了个谢慧如！

　　1992年初春，谢慧如先生率领庆元宵代表团，亲自为他捐建的谢慧如图书馆、艺乐宫、泰佛殿、体育馆、育智小学、官塘中学剪彩，并决定捐资500万港元给新创办的潮州日报社、捐资1 000万元作为草创中的东山公园的建设费用。为表达对先生的敬意，东山公园易名为慧如公园。4月11日，谢慧如先生和潮州市领导人及泰华各界人士在霏霏春雨中为慧如公园揭幕，这是潮州市升格扩区后华人捐资额最大的首宗福利工程。9月1日，《潮州日报》创刊。9月5日，谢慧如先生及海内外嘉宾在时任市委领导的陈远睦的陪同下为潮州日报社慧如楼培土奠基[7]。

潮州市民多年的愿望变为现实，由衷地感激这位热心新闻事业的大慈善家。

谢慧如先生一生关心旅泰潮人的社会地位和事业的发展，积极参与各项旅泰潮人组织的社会活动。他在泰国中华总商会担任过多届执委以至成为永远名誉会长、泰国潮州会馆名誉主席、旅暹⑧潮安同乡会名誉理事长、谢氏宗亲总会永远名誉会长和天华医院名誉理事长。谢慧如先生不愧是海外潮人中的著名侨领、著名实业家和大慈善家，功德无量，流芳千古。

（改编自《谢慧如先生纪念特刊》）

【注释】

① 谢慧如（1913—1996）：祖籍潮州市潮安县官塘镇白水湖村。14岁时赴泰国，艰辛创业数十年，事业有巨大成就。创办了泰联企业有限公司、春蓬矿业有限公司、远东三环唛铅瓦厂等企业。

② 扶老携幼：拉着老人，领着小孩。

③ 伫立：长时间站着。

④ 魁梧：强壮高大。

⑤ 热泪盈眶：因感情激动而使眼泪充满了眼眶。

⑥ 炽热：极热。

⑦ 奠基：奠定建筑物的基础。

⑧ 旅暹：旅居泰国。

　　谢慧如先生一生关心旅泰潮人的社会地位和事业的发展，积极投身于泰华社会活动中。他是一位有口皆碑的大慈善家，在泰国和家乡潮州捐资办了很多善事。谢慧如先生的高尚善举十分值得我们学习，他勇于拼搏的精神也是我们学习的榜样。

　　1. 潮州日报社的成立，得到了潮州市委市政府的高度重视和大力扶持。报社筹建时，政府无偿划土地20亩，并通过拨款、捐款、自筹资金等形式，建设了报社大楼、印刷大楼，购置了自动化彩色印报机、激光照排机、感光制版机、电脑等设备。现如今，印刷和电脑设备实现卫星接收、电脑编版、激光照排、感光制版、彩色自动化印刷等，还承印《南方都市报》《羊城晚报》等报刊，印刷质量居全省先进行列。

　　2. 慧如公园位于潮州市区韩江大桥东引道东山路南侧，占地面积66.9公顷，是笔架山景区的主要景区，由广州园林设计院规划设计，全园共有七山一湖十二个游览区。公园于1992年8月动工，1994年2月正式对外开放。时任中共中央政治局常委、全国政协主席李瑞环同志为其定名，是目前潮汕地区面积最大的综合性公园。

　　同学们，汕头大学是我们当地的一所著名学府，你参观过了吗？请根据你的印象与网上查找到的资料，把了解到的情况记录下来，写成作文。

15 潮汕的经济人才——庄世平①

1911年，庄世平出生在普宁县果陇村的一个书香门第家庭，少年受到良好的家庭教育。12岁那年，庄世平就离别家乡到汕头礐（què）②石中学读书。1930—1933年，在北平中国大学经济系学习期间，他积极投身于抗日救亡运动，呕心沥血培养华侨子弟，直至学校被泰国政府封闭。

1936年，西安事变发生后，身居他乡、心系祖国的庄世平积极参与组织泰国爱国华侨响应"停止内战　一致抗日"的主张，并担任泰国华侨抗日联合会常委，主持商、学、青等几个方面的抗日爱国活动，从物质上大力支持国内抗日。他历尽艰险，置个人安危于度外，奔走于东南亚以及祖国边陲，将广大华侨华人以及爱国人士支援抗日战争的物资源源不断地输送到国内的抗日根据地，为抗日战争的胜利立下了不可磨灭的功勋。

1949年，国民党政府推行的以金圆券③为中心的各项币制改革均告失败，国内金融秩序极度混乱。这时，庄世平积极参与创办南方人民银行，发行"南方券"支援南方的解放战争。南方券一经发行，在稳定华南地区金融秩序、沟通侨汇④、支援解放战争物资、推动解放区贸易生产等方面发挥了巨大的作用。

1949年12月14日，由庄世平创办的南洋商业银行在香港开业。当天，银行的楼顶升起了香港的第一面五星红旗，这不仅反映了香港和海外侨胞对新中国诞生的喜悦之情，还旗帜鲜明地向外界表明自己拥护新中国、支持新中国的立场。这在当时还处于英国殖民统治下的香港，是需要多么大的勇气和胆识啊！

由于南洋商业银行是中华人民共和国成立后在香港旗帜鲜明、立场坚定的金融机构，对新中国经济的恢复和建设做出了重大贡献，周恩来总理曾经对庄世平做出了高度的评价："潮汕为中国革命贡献了两个经济人才，一个是理论的许涤新，一个是实践的庄世平。"

除了上文所提的在经济领域屡有建树之外，庄世平对于家乡的各项建设事业、公益事业，更是倾注了一腔心血。

庄世平与吴南生、李嘉诚一同发起，并由李嘉诚先生捐资协助广东省兴办汕头大学，实现了潮汕人民梦寐以求的热切期望和海外潮人的夙愿，圆了数千万海内外潮人在家乡的大地上创办综合性大学之梦。

此外，潮汕地区的潮汕体育馆、普宁华侨中学、普宁华侨医院、潮汕职业技术学院、潮汕历史文化研究中心、侨批文物馆等各种由华侨与港澳同胞捐资建设的项目，都离不开庄老的穿针引线和精心组织。

　　庄世平先生以他崇高的威望和无私奉献的精神，赢得了海外侨胞和国内人民的信赖和爱戴，带动了广大华侨、港澳同胞为祖国和家乡的经济建设和公益事业出资出力。

　　2007年6月2日2时29分，庄世平在香港去世，享年97岁。庄世平的家属致谢词时透露，庄老一直念念不忘的是一句话："金瓯[5]尚缺，老骥未甘伏枥[6]，仍求一统神州。"在生命最后时刻，他仍未忘祖国统一大业。

　　"一老功勋邦国重　万人追仰惠泽深"，这是国学大师饶宗颐敬献庄老的挽联，道出了千千万万人民的心声。

　　（改编自毕亚军《侨领、革命家、爱国家、金融家——记全国侨联副主席、南洋商业银行创始人庄世平》）

【 注释 】

　　① 庄世平（1911—2007）：广东潮汕人。早在1949年就在香港创办南洋商业银行，第二年创办澳门南通银行。1959年起历任第二至第六届全国人大代表、第六届全国人大华侨委员会委员、第七、八、九届全国政协委员会常务委员。

　　② 礐（què）石：汕头地名。礐，潮音读[gag⁴]。

　　③ 金圆券：解放战争后期中华民国政府为支撑其崩溃局面而发行的一种本位货币。1948年8月19日开始发行，至1949年7月停止流通。

　　④ 侨汇：侨居在国外的华侨华人汇回家乡的款项。

　　⑤ 金瓯：金的盆盂，比喻疆土之完固，也用以喻指国土等。

　　⑥ 老骥未甘伏枥：比喻人虽然年老，但仍有雄心壮志，成语有"老骥伏枥，志在千里"。

　　从青年开始，在将近一个世纪的人生历程里，庄世平先生的每一步都和国家民族的利益连结在一起。他历尽艰辛，坚韧不拔，鞠躬尽瘁，以贯穿一生的不懈奋斗，实现了奉献国家、奉献人民的理想。通过这篇文章，我们可以了解庄世平先生为祖国、为家乡无私奉献的事迹和高尚精神，更能理解为何他的言行深深烙印于家乡人民心中。

　　改革开放时期，时代的春风唤起了海外华侨、港澳同胞被压抑已久的爱国爱乡热情，已步入耄耋之年的庄世平先生更是壮心不已，他要"乘长风，破万里浪"，引领潮汕籍海外侨领、港澳乡贤共建潮汕美好家园。与庄世平相知甚深的李嘉诚先生向他请教："世平兄，祖国和家乡有什么需要我出力的，请多指教，我会竭尽绵力的。"

　　1980年秋天的一个下午，庄世平与李嘉诚先生的亲切晤谈被载入了历史。庄世平向李嘉诚先生谈起筹建汕头大学的计划，李先生激动地从沙发上站起来，说："潮汕办大学是势在必行，我认为这一次一定能成功。"其后，经庄世平和吴南生商量，认为第一期开办费如有3 000万港元是可以办理的。李先生听罢，3 000万港元很快汇到了汕头大学筹委会。此后，从汕头大学踏勘选址以至李嘉诚捐赠汕头大学的每一个项目，庄世平都参与了策划和组织。

　　文中提到"潮汕为中国革命贡献了两个经济人才，一个是理论的许涤新，一个是实践的庄世平"，请你查找资料，了解"理论的许涤新"的故事。

第四单元

汕头埠故事

16　汕头开埠的故事

汕头素有"百载商埠"的美誉[①]。

悠悠一百六十载，汕头从一个小渔村、小港口发展成为具有现代化气息的区域中心城市。

在第二次鸦片战争之前，汕头就是一个颇[②]为繁荣的商埠。清朝咸丰二年（1852年），西方国家的轮船、帆船就已经开进南澳和妈屿岛海面，从事着鸦片走私和掠夺贩卖人口的罪恶勾当[③]。1852年至1856

年的5年间，从南澳和汕头被掠运出洋的潮汕苦力约4万人。仅1857年这一年，出入汕头的外国船只就达120艘之多。英商怡和洋行老板约瑟夫·渣甸就曾表达过对汕头的看法："一个未经条约承认的非常重要的港口就是汕头港。"西方侵略者早已决心要把这个非法的贸易港口，变为"合法"的贸易商埠。恩格斯也于1858年11月18日在刊登在《纽约每日论坛报》上的《俄国在远东的成功》一文中，称汕头是《南京条约》继五口通商之后"唯一有一点商业意义的口岸"。

　　1858年5月20日，英法联军攻陷天津大沽炮台，并叫嚷着要打到北京城，这使得清政府感到非常恐慌，被迫无奈于咸丰八年五月十六日、十七日，即1858年6月26日、27日，分别与英、法签订《天津条约》，增开潮州、琼州、台湾等10处为对外通商口岸。根据《天津条约》的规定，清政府与各国在签订条约满一年后互换双方政府的批准书，条约才能生效。可时间未到，英法两国仗势欺人，故意挑起事端，引起清政府的不满，因而战事又起，导致互换批准书时间非正常延迟。美国恰好又钻了这一空子，1859年8月16日，美国公使华若翰与清政府直隶总督恒福在北塘互换批准书。至于汕头什么时间能够开市，清政府认为应该等待与英法两国一起办理。后来美方多次纠缠④，陈述美国商人三年前就已经与汕头商人私自买卖的事实。经查证后，清政府认为"潮州、台湾两处，各国私自买卖，已越三年。此次米酋恳请⑤先行开市，亦因贸易已久，欲

掩其私开之迹"，遂[6]于咸丰九年十月廿一日（1859年11月15日）批准美国在潮州、台湾两口先行开市。与此同时，美国驻华大使华若翰也由上海来到广东，与两广总督劳崇光直接商谈汕头开埠事宜。劳崇光与华若翰议定于咸丰九年十二月初九，也就是1860年1月1日，潮州（汕头）开市。

1860年1月1日，潮州（汕头）如期对美开市，在汕头港口门的妈屿岛上设立"潮海关"。华若翰之弟华为士被任命为潮海关第一任税务司，俞恩益被任命为潮海关第一任海关监督。至此宣告潮州（汕头）正式开埠，之后就被人们俗称为"汕头埠"。

汕头开埠，使原本自给自足的小农经济让路于海洋贸易经济，汕头埠成为颇具规模的商贸港口。工商业的繁荣兴盛带动了城市建设发展，加快了现代化的速度。中西文化在汕头融聚汇合，形成了具有鲜明特色的汕头城市文化。

（改编自周敏、赖淑英《汕头开埠的历史由来及其意义》）

【注释】

① 美誉：美好的名誉。

② 颇：很。

③ 勾当：现在通常指坏的事情。

④ 纠缠：找麻烦。

⑤ 恳请：诚恳地请求。

⑥ 遂：于是，就。

导　读

汕头开埠带动了工商业的繁荣，工商业的兴盛带动了城市建设发展。中西文化在汕头的融合，逐步形成了汕头鲜明的城市文化。今天，我们通过阅读汕头开埠的故事，除了不忘清政府被迫签订不平等条约等耻辱史，更要学习汕头开埠后，一代又一代汕头人如何为建设美丽汕头而奋斗的精神，从我做起，奋力拼搏，为建设文明汕头做贡献。

知识拓展

为20世纪上半叶汕头定调的，不是车水马龙中的汽笛与街市中的喧闹、小公园片区日夜灯火璀璨，而是海关钟楼传来的钟声。老一辈的汕头人都把海关钟楼的钟声称作标准时间，习惯于听海关的钟声安排作息，曾有一些工厂将中午12时的钟声作为上午的下班时间，一些人家也把其作为午餐的开饭时间。百年来，矗立在外马路2号的海关钟楼，见证了汕头开埠通商的繁华，承载了老一辈对汕头埠的亲切回忆。

活动探究

请利用周末或者放假时间，参观汕头开埠文化区（小公园）的某一处具有历史文化价值的遗址，了解它的历史，并写成作文，与同学们分享。

17 "公元"之父——林希之[1]

说起中国的胶卷相纸，就不得不提汕头的公元感光厂，它是中华人民共和国第一家国产相纸基地。说起"公元"，就不得不提起一位先贤的名字——林希之，他被称为"中国感光工业之父""中国相纸之父"。71年前，他制造出我国第一张黑白照相纸，开创了中华民族感光材料工业的新纪元[2]。

林希之小时候在汕头市一所私立学校上学，后来考入上海圣约翰大学化学系，并选了民族工业的一个空白点——感光化学作为主攻目标。当时，有一名外籍教师在林希之面前讥笑中国工业的落后，这深深地刺痛了他的心。"外国人能做的事，难道中国人就不能做吗？我一定要在感光材料方面为中国人争一口气！"他勤奋拼搏、锐意进取，把求学生涯的绝大部分时间用于课堂、实验室和图书馆里，专业知识不断充实。

怀着一颗爱国之心，1948年，林希之回到家乡汕头，专心致志地开始了感光化学实验工作。他和几名志同道合者筹办起"公元实验室"，经费不足，他就制作西药卖给药房，以补充时需。

当时，汕头刚刚解放，百废待兴，百业待举[3]，国内感光材料研究更是一片空白。在可供参考的资料文献奇缺的情况下，林希之绞尽脑汁，克服各种困难，从未放弃实验。

在"公元实验室"里，没有高级照相精胶，林希之就用食用鱼胶代替。没有设备仪器，他就自己动手做：瓷杯便是乳剂桶，酒精灯便是加热器，将凳子翻过来安上饼干盒做成冷却轮，几根木棍子便成了涂布机，油桶里放上石灰算作干燥箱……

功夫不负有心人，经过了长达两年的探索，积累了成千上万个数据，攻克了一个又一个难关，林希之终于获得一个重大的突破：1949年6月2日，新中国第一张原始性氯素照相纸终于在"公元实验室"里诞生了！随后，林希之又马不停蹄，先后研制出感光计和密度计。1952年10月，他又试制成功中国第一张黑白照相纸。

1953年4月1日，我国第一家感光企业——汕头公元摄影化学厂简称"汕头公元厂"建立，开创了新中国感光材料工业的新纪元。从那个时候开始，"公元"成了汕头人最引以为豪的一个闪亮符号。

在30多年的历史进程中，"公元"人相继制造出第一张传真胶片、第一张卫星云图接收纸、第一张新闻传真照片、第一张示波仪记录纸。"公元"所取得的成就，离不开林希之这位中国感光工业的创始人、共和国感光工业的拓荒者。

只要坚定心中的目标，不怕困难，坚持不懈，就一定可以到达理想的彼岸。林希之的顽强和坚韧，不正是"世上无难事，只怕有心人"的最好诠释吗？

（改编自汕头公元摄影化学厂纪录片《白手起家》）

【注释】

① 林希之（1921—1969）：原名林应熙，广东省潮安县人，我国感光化学工业的奠基人。

② 新纪元：新的历史阶段的开始。

③ 百废待兴，百业待举：形容很多废置的事业等待兴办，各行各业有待重新振兴。

林希之是中国感光工业的创始人、共和国感光工业的拓荒者。在攀登科学高峰的道路上，无论有多少艰难险阻，都挡不住他前进的步伐。我们要记住林希之在感光工业领域的贡献，更要学习他的爱国情怀与迎难而上的精神。

数码时代的年轻人，不知道什么叫"公元"胶卷，不知道暗房技术，更不知道当年的汕头永安街96号，因为生产中国民族工业的感光材料而蜚声海内外。今天永安街96号的53间民宅，虽外貌破败而冷清，然而街内清一色的三层洋楼，外观浮雕造型、拱顶楼楣、西式门窗、中式大门基本完好。

当年位于这里的汕头公元厂人气鼎盛，生产车间灯火通明。根据《中国印刷年鉴》统计，从1964年到1981年，汕头公元厂为国家创下了

3 000多万元的税收，为国家做出很大贡献。汕头公元厂虽已于2005年宣布停产，但它就在那里，就立在汕头梅溪边上，见证着中国的发展与进步。

　　林希之实现理想的道路坎坷曲折，而他能坚持不懈，百折不挠。同学们，你们在生活或学习中曾经遇到过什么困难呢？你是怎么面对的？请你回忆回忆，选择一件，结合你此刻的感受，写成作文。

18 高绳芝[①] 的实业救国路

　　让人民富足，让国家强大，是每一个胸有大志的中华儿女苦苦追求、披荆斩棘为之奋斗的终身目标。澄海人高绳芝便是这些人中的杰出代表之一。

　　从小饱读诗书、接受中华传统文化教育熏陶的高绳芝，本想通过科举跻身[②] 士林[③]，做个忠臣良辅，为国为民做事。但上省城赴考过程经历的两件事，彻底动摇了他的信念。

　　当时，高绳芝在省城考完试，准备回汕的路上，遇到一个老妇向他求乞。高绳芝心地善良，毫不犹豫地掏钱给她。但还未转身离开，又冒出好几个乞丐将他团团围住，都伸手求他"行行好"。同行的几个潮汕考生见势不妙，拥着他仓皇而逃。一个揭阳籍的考生喟然长叹[④]："天下乞丐何其多，你给不完的。"考生们纷纷向高绳芝诉说底层民众生活的艰难，高绳芝这才知道，他原想为之效忠的大清帝国的子民竟是这样的贫弱。

　　另一件事：乡试放榜后，一个不学无术的考生竟然得中！考生们私下嘀咕："他有钱，用钱买的。"

　　高绳芝目睹了清政府腐败、国弱民穷，决定放弃仕途，致力兴办民族工业，创建实业以振兴国家，走实业救国的道路。

　　高绳芝成功了！他与叔父高晖石联手打天下，成为当时的潮汕首富。发达了的高绳芝，赞助社会公益事业的资金也成正比增加。他创建了汕头的自来水公司、电灯公司、汕澄电话公司，把汕头带进了全国市政建设前10名的城市行列，开启了汕头人的文明生活方式。

　　高绳芝走实业救国的道路，造福了一方。但是，当时整个国家依然贫穷落后，高绳芝终于醒悟：要让整个民族兴旺发达，就应该推翻腐朽的政权，有进步的政权做保障，才能建设富强的国家。于是，他义无反顾地投身到孙中山领导的资产阶级民主革命，成为革命党人。

　　后来，高绳芝由于操劳过度，英年早逝。如今在汕头中山公园内，有一座从民国时期留存至今的纪念亭——绳芝亭，就是专门修建以纪念为革命事业和民生福祉而甘于奉献的爱国华侨高绳芝的。

（改编自《高绳芝的实业救国路》）

【注释】

　　① 高绳芝（1878—1913）：原名高秉贞，生于澄海。清举人，历任汕头总商会会长、全潮民政财政总长，是清末民国初期泰华商界巨擘，潮汕著名的华侨实业家和社会活动家。

　　② 跻身：使自己上升到（某种行列、位置等）。

　　③ 士林：指知识界、学术界。

　　④ 喟然长叹：叹气的样子。因感慨而深深地叹气。

高绳芝为振兴国家，放弃仕途，走实业救国之路，他为国家和家乡做出了巨大的贡献。他的一生虽然短暂，却成了我们潮汕人永恒的记忆。绳芝亭历经风雨沧桑，依然屹立在中山公园中，高绳芝爱国爱乡的精神永远激励着后人。

知识拓展

弃文经商高绳芝，十年发财不为私，
取之社会为社会，发展家乡斥巨资。
斥资澄海建厂房，厂房建在澄城东，
首创振发织布局，解决劳力招女工。
织布局建一洋楼，鹤立鸡群气势高，
顿成澄城一风景，乡人无不引为豪。
洋楼之侧是工场，设备千里来东洋，
让人更为惊奇者，技术人员外国腔。

——潮州歌册
《高绳芝》节选
（作者：鄞镇凯）

活动探究

有几位外地的游客来到汕头中山公园游玩，当游览到绳芝亭时，他们对这座纪念亭十分好奇。请你准备好相关材料，当当小导游吧。

⑲ 南生百货大楼

　　汕头老市区小公园一带，记载着20世纪前半期汕头埠的繁荣，而其中最为人所知的是位于小公园街区的汕头南生百货大楼。

　　南生百货大楼是汕头市民十分熟悉的一座地标性老建筑。百货大楼的正式名称是"南生贸易公司"，虽然经历了近百年的沧桑，但如今依

摄影：姚昕

然基本保存完好，成为汕头一处历史人文的重要载体。

南生贸易公司大楼开业于1932年。当时，小公园及周边的"四永一升平"一带已成为汕头埠一处人流汇聚、商业旺盛的地段。印度尼西亚侨商李柏桓[1]在决定集资扩大营业、兴建新楼之际，便把目光投向这一街区。

南生贸易公司原来在镇邦街，是二层的砖木结构、盖瓦片的楼房。李柏桓认为当时的汕头有发展的余地，所以就在海外赚到钱后再集资来小公园这个地方暗地里买地。因为他担心一旦大商户独家收购的内幕曝光，会引起卖主纷纷抬价。最终，在他的努力下，南生百货大楼成功进行了扩建。

扩建后的百货大楼，将原设计的六层改为七层。一、二层为南生贸易公司，三、四层为中央酒楼，五、六层则为中央旅店，集购物、餐饮、住宿、娱乐于一体。南生百货公司里，有了汕头埠的第一部电梯和第一面哈哈镜。

20世纪30年代的汕头虽然开埠只有七八十年，却已变成商贾云集、酒绿灯红的繁华之地。三四十年代，汕头新型大百货公司有号称"四大天王"的南生、广发、平平和振源。百货大楼则成为当时小公园一道亮丽的风景线。

汕头沦陷前夕，南生贸易公司将大件货物迁往梅县，留下部分商品继续经营；抗日战争胜利后调整股东，扩大资金，生意又兴隆起来；1956年与汕头市国营百货公司合营，改名为百货大楼。而南生贸易公司的龙头地位，一直延续到20世纪80年代初。

（改编自郭宏盛、陈珊娜、袁笙《商圈繁华如梦，商海暗战似戏！汕头百年南生百货大楼话你知》）

【注释】

　　① 李柏桓：籍贯广东梅县，印度尼西亚侨商、汕头南生公司老板，其创建的南生公司与振源公司、平平公司、广发公司并称为当时汕头埠四大百货公司。20世纪20年代，李柏桓从海外回乡，途经汕头，感受到汕头巨大的发展潜力，遂召集李耀宗等人集资50万大洋，成立南生股份有限公司，同时在小公园的中心，安平、国平路的交会处，兴建南生贸易公司大楼。

　　每座城市里，都会有所谓的老市区。它代表的是这座城市最开始的样貌，也许是曾经最繁华的地方，也许是当地人心中一个共同的情结。而汕头的老市区，就是在小公园这一带，附近众多骑楼中，最出名的标志性建筑之一就是南生百货大楼，它见证了汕头20世纪30年代的繁华盛景。今天这篇课文，就让我们一起走近南生百货大楼，了解汕头曾经的繁华。

知识拓展

　　南生百货公司老板李柏桓为了扩建南生百货大楼，防止卖主抬高地价，要求有关人员严守兴建大楼的商业秘密，布置伙计分头以各自的名义议价收房买地。然而，当时还是有人获悉内情，因此出现了高价待沽的"钉子户"。有一个叫吴宝庭的，他就是不卖，有意抬高自己的地价，李柏桓只得传话给他：愿送一千元茶水钱，不列入买卖的数字之内，当作"茶宜"。吴宝庭说，我有五六个兄弟，这一千元我能分得几个钱。最后李柏桓给了1 500个龙银（光洋）才解决了问题。其实，李柏桓软硬兼施，一边送"茶宜"，一边破土动工、加紧打桩。"钉子户"眼看大势已去，只好顺水推舟。于是"南生"第二期扩建工作得以顺利开展。

1. 采访家中长辈，了解南生百货公司繁盛时期的情况，并完成故事记录。

2. 文中提到："（当时）汕头新型大百货公司有号称'四大天王'的南生、广发、平平和振源"。请你查找资料，了解另外几家百货公司的故事，并和同学们进行交流。

20 中山纪念亭

中山纪念亭坐落在汕头老市区国平路、升平路、安平路等5个路口的交会处，占据了小公园片区的中心位置。它曾经是汕头繁华的代名词，记录并见证着汕头这座"百载商埠"的历史变迁。

中山纪念亭是在20世纪30年代为缅怀孙中山先生三莅汕头而建成的纪念亭。据说，当时香港的大新百货公司要与汕头南生贸易公司负责人李柏桓争生意，准备在街心建个万商楼。于是，李柏桓想出一计，发

摄影：姚昕

动周围的商户上书政府高层要在街心建中山纪念亭。孙中山先生在当时有国父之尊，万民钦仰。先生又先后三次莅临汕头，所以该申请顺利得到政府批准。

作为小公园街区的核心地标，中山纪念亭承载着众多海内外潮人的乡愁，也被简称为"小公园亭"。然而好景不长，在"文革""破四旧"[①]期间，中山纪念亭"惨遭毒手"。据知情人回忆说，常有人在小公园亭"讲古"，听众甚多。也正因为这样，小公园亭被认为是散布"封资修"[②]的地方，强遭拆除。"拆除小公园亭的时候，刚开始是有人拿大锤抡砸，但是亭子纹丝不动，只是出现些破损，后来甚至不惜出动了炸药爆破才把小公园亭夷为平地"。提起这段故事，知情的老汕头人仍然惋惜不已。

今天我们看到的小公园亭，是在2016年再次修缮的，项目由专门从事古建筑木结构传承的汕头市大宇木业有限公司捐建。"我觉得恢复的不是文物，而是一种文化。"大宇木业掌门人黄茂雄表示，将传统古建筑营造技艺传承下去，是他最愿意做的事情。

汕头启动创建全国文明城市，面貌发生了巨大改变。作为汕头人，黄茂雄觉得自己应该为汕头的这份改变做点什么。或许，正是因为黄茂雄的不忘初心、砥砺前行、锲而不舍，才有今天发光焕彩、美丽迷人的中山纪念亭以无穷魅力的身姿矗立在人们眼前。我们是否也应该学好本领，有朝一日，为家乡的发展建设奉献自己的一份力量呢？

（改编自郭宏盛、陈文兰《溯源流始建因商战　看今朝重建展新颜》）

【注释】

① "破四旧"：指的是破除旧思想、旧文化、旧风俗、旧习惯。
② "封资修"：封建主义、资本主义和修正主义的合称。

导　读

　　作为汕头"百载商埠"的文化地标之一，小公园中山纪念亭承载着无数潮汕人的回忆，这不仅是一处建筑物，还是一件艺术品，更是凝聚了社会各界振兴汕头的一份决心和信心。通过阅读这篇课文，我们能了解汕头过去的建设历史，增加对汕头的热爱，激励自己要努力学习，长大了为建设美丽家乡做出贡献。

知识拓展

　　从历史上看，小公园中山纪念亭修缮的背后，是汕头人公民意识的折射。公民意识是一种对社会身份的认知，其中包括了社会责任感及社会公共责任的担当。

　　1934年，小公园中山纪念亭作为一处公众空间，周边商家及民众的捐建行为便是公民意识的体现，是为社会的建设做出能力范围内的贡献。在当时，类似的例子还有中山公园的建设。小公园中山纪念亭1997年的重建和后来提出的修缮，也是一种公民意识的体现。

　　汕头是汕头人的城市，作为汕头人要有一种城市主人的心态，建设好汕头是我们每一位汕头公民应该做的。我们要在城市建设中贡献自己的一份力量，共同为这座城市的明天而奋斗。

同学们，在我们潮汕地区，还有很多地方有着独特的纪念意义。请选择你最了解的一处，向大家介绍介绍吧。

名称：

位置：

意义：